はじめに

漢字能力は日常生活を送る上で、欠くことのできない基本的な能力であり、パソコンが普及した現在においても、正しい知識がなければ適切な文章表現は難しいといえます。一朝一夕（わずかな期間）に身につくものではありませんが、書籍、新聞、雑誌を、漢字を意識して読むなど日頃の努力の積み重ねが必要なことはいうまでもありません。

本書は、最近しだいに会社や学校で重要な資格とみなされるようになってきた「**漢字能力検定**」に合格できる実力を養うことに重点をおいて作成しています。

特色と使い方

本書は「**練習編**」、「**実力完成編**」の二部構成になっています。

「**練習編**」は読み書きなどの問題形式別とし、効率的に練習ができ
題は見開き二ページ、解答は書き込み式になっています。
ルを利用して、繰り返し練習することが上達のコツです。
編」は検定と同じ形式、問題数のテストで、検定前に、最終点検や弱点チェックをすることができます。
る「**資料**」には配当漢字表をのせているので、漢字の読
との確認ができます。
たえ」は答え合わせのしやすい別冊とし、間違えやす
「×」で示し、「**チェックしよう**」は重要な語句や漢字知
幅広い漢字力の養成に役立つ工夫をしています。

目次

1 かん字の よみ ①

つぎの ——せんの かん字の よみがなを ——せんの みぎに かきなさい。

よくでる

ごうかく 22~28

もういっぽ 15~21

がんばれ 0~14

とくてん

シール

□ 1 ひがしの 空[1]に あさ日[2]が のぼった。

□ 2 王[3]さまが けらいを つれて 森[4]へ いく。

□ 3 村[5]はずれに おじぞうさんが 立[6]って いる。

□ 4 子[7]どもたちが たき火[8]に あたって いる。

□ 5 でん車[9]の はしる 音を 口[10]まねする。

□ 6 この 先[11]の 四[12]つかどを まがると、ぼくの いえだ。

□ **7** にわの 竹[13]が 二[14]かいまで のびた。

□ **8** 金[15]いろを した こん虫[16]が とんで いる。

□ **9** たこあげを して 天[17]まで 上[18]がれと さけんだ。

□ **10** あしたから 学校[19]は なつ休[20]みだ。

□ **11** もらった 犬[21]に かわいい 名[22]まえを つける。

□ **12** 林[23]の おくの ほうまで 月[24]の ひかりが とどく。

□ **13** みちばたで きいろい 花[25]を 見[26]つけた。

□ **14** いなかで 田[27]うえの 手[28]つだいを した。

2 かん字の よみ ②

つぎの ――せんの かん字の よみがなを ――せんの みぎに かきなさい。

□ 1 白[1]い け糸[2]で マフラーを あんで もらう。

□ 2 あさい 川[3]に 足[4]を つけた。

□ 3 こうえんの 草[5]むらで 虫[6]を つかまえた。

□ 4 にわに うえた 木[7]に 水[8]やりを する。

□ 5 はまべで 小[9]さな 貝[10]がらを ひろった。

□ 6 かぜが ふいて きて、目[11]に ごみが 入[12]った。

よくでる

ごうかく 22~28

もういっぽ 15~21

がんばれ 0~14

とくてん

シール

□ **7** 右[13]から 左[14]に むかって はしる。

□ **8** いえから しらない 人[15]が 出[16]て きた。

□ **9** こくばんに 力[17]づよく 字[18]を かいた。

□ **10** 男[19]らしくて、ゆう気[20]も あるようだ。

□ **11** ろう下[21]に しょう火[22]きが おいて ある。

□ **12** おしらせの 文[23]を 三[24]かいも かきなおした。

□ **13** まるい 石[25]ころを 百[26]こ ひろいあつめる。

□ **14** 赤[27]ちゃんの はが 生[28]えはじめた。

3 かん字の よみ ③

つぎの ——せんの かん字の よみがなを ——せんの みぎに かきなさい。

ごうかく 22~28

もういっぽ 15~21

がんばれ 0~14

とくてん

シール

□ 1 足[1]しざんを して、正[2]しい こたえを かく。

□ 2 車[3]に のって となり町[4]へ いった。

□ 3 うみからの かぜの 音[5]に 耳[6]を すます。

□ 4 先生[7]と きょうりょくして 花[8]だんを つくる。

□ 5 十[9]さいくらいの 女[10]の子が あるいて いた。

□ 6 土[11]から つくしが めを 出[12]した。

□ **7** 青[13]い 雨[14]ぐつを はいて
かいものに いく。

□ **8** 水[15]へいせんに 早[16]くも
たいようが のぼって きた。

□ **9** 大きな ビルだが 入[17]り口は
二[18]つしか ない。

□ **10** 年[19]まつに かぞく みんなで
大[20]そうじを する。

□ **11** 草[21]げんを 小学生[22]が
かけまわる。

□ **12** 五人[23]の けらいが しろの
中[24]へ すがたを けした。

□ **13** せかいの 名[25]しょを
見[26]ぶつする。

□ **14** ずけいの 左右[27]と 上下[28]の
ながさを はかる。

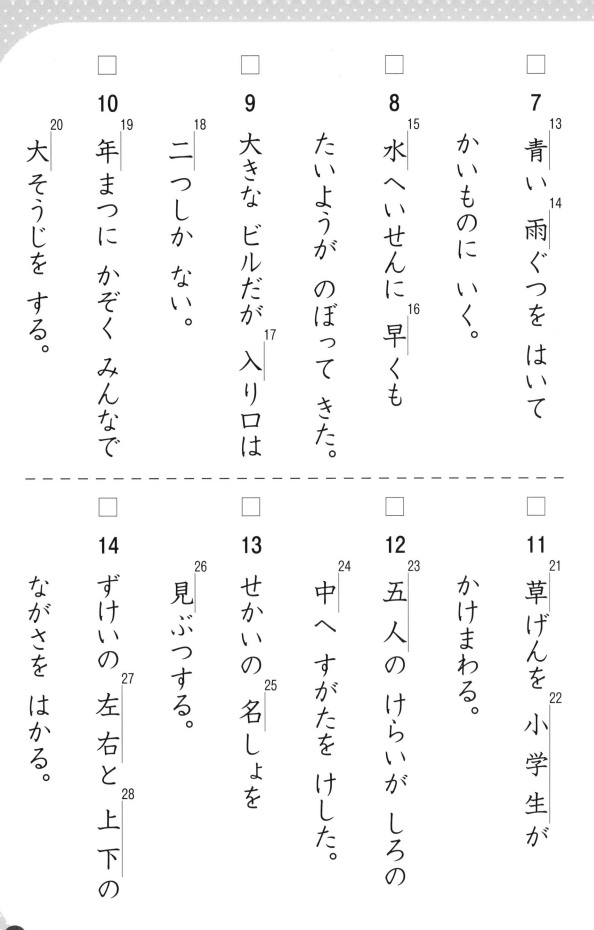

4 かん字の よみ ④

つぎの ――せんの かん字の よみがなを ――せんの みぎに かきなさい。

ごうかく 22~28
もういっぽ 15~21
がんばれ 0~14
とくてん

シール

□ 1 1月よう日に 2音がくの じかんが ある。

□ 2 3雨は やんだが、きおんが 4下がって さむく なった。

□ 3 5円い テーブルを かこんで 6七人の かぞくが すわる。

□ 4 7男女の チームが しあいを する ために 8出ぱつした。

□ 5 イナゴの 9大ぐんが 10田はたを おそった。

□ 6 きのう、11森林こうえんに えん12足に いった。

□ **7** おじさんは 九十[13]さいまで 生[14]きた。

□ **8** 空[15]こうを 見学[16]するのは こんかいが はじめてだ。

□ **9** 金[17]あみで おもちを 五[18]つ やいた。

□ **10** 早[19]ちょうから あい犬[20]を つれて さんぽに いく。

□ **11** 人気の ある 力[21]しが 土[22]ひょうに 上がる。

□ **12** けんさを する ために、一[23]しゅうかん 入[24]いんした。

□ **13** 夕[25]やけに むかって、小[26]とりの むれが とぶ。

□ **14** いまも 三[27]つの 火山[28]が けむりを はいて いる。

5 かん字の よみ ⑤

つぎの ――せんの かん字の よみがなを ――せんの みぎに かきなさい。

ごうかく 22~28
もういっぽ 15~21
がんばれ 0~14
とくてん

シール

□ 1 赤[1]い ばらを 花びんに 入[2]れて かざった。

□ 2 山[3]の 上[4]に ふるい てらが あったそうだ。

□ 3 正月[5]に たくさんの お年玉[6]を もらった。

□ 4 がけの 下[7]に 大[8]きな いわが おちた。

□ 5 お金[9]を 千円[10] おみせで はらう。

□ 6 六[11]わの 白[12]ちょうが わたって きた。

□ **7** [13]町立の としょかんは [14]休日も あいて いる。

□ **8** しあいは [15]雨天の ため [16]中しに なった。

□ **9** さんすうの べんきょうで [17]九九を [18]学ぶ。

□ **10** きのうまでに [19]八さつの [20]本を よんだ。

□ **11** ひろい [21]校ていに [22]一つだけ ジャングルジムが ある。

□ **12** [23]目ひょうに むかって ど[24]力する。

□ **13** よ[25]空に、[26]天の川が きれいに 見える。

□ **14** むかしと くらべて [27]人口が [28]四ばいに なった。

6 かん字の かき ①

つぎの □の なかに かん字を かきなさい。

□ 1 みんなで 1□《て》を つないで、2□《えん》を つくる。

□ 2 にしの 3□《そら》が 4□《あか》く そまる。

□ 3 ピアノの 5□《ただ》しい 6□《おと》を ききわける。

□ 4 7□《あめ》が ふって 8□《みず》たまりが できた。

□ 5 かわらで 9□《こ》10□《いし》を ひろいあつめる。

□ 6 11□《とし》の はじめに 12□《くるま》で りょこうする。

よくでる

ごうかく	22~28
もういっぽ	15~21
がんばれ	0~14

とくてん

シール

□ 7 うさぎの 13□《みみ》は ながくて 14□《め》は つぶらだ。

□ 8 つくえの 15□《うえ》に かみを 16□《ろく》まい おく。

□ 9 よい 17□《てん》18□《き》が ずっと つづいて いる。

□ 10 あねと いっしょに 19□《がっ》20□《こう》へ いく。

□ 11 きのう えきで 21□《せん》22□《せい》に あった。

□ 12 23□《ちから》もちの 24□《おとこ》の 人が すんで いた。

□ 13 25□《おう》さまの 26□《きん》の かんむりが できた。

□ 14 大きく 27□《くち》を あけて、28□《ぶん》を よむ。

7 かん字の かき ②

つぎの □の なかに かん字を かきなさい。

よくでる

ごうかく 22~28

もういっぽ 15~21

がんばれ 0~14

とくてん

シール

□ **1** 1□《かい》がらを 2□《い》れる
はこを つくった。

□ **2** うら3□《やま》の 4□《はやし》まで
たんけんに いった。

□ **3** はるに さく5□《はな》の
6□《な》まえを おぼえる。

□ **4** けん7□《だま》や8□《たけ》とんぼを
して あそんだ。

□ **5** 9□《かわ》ぎしを10□《いぬ》が
かけまわる。

□ **6** ねん11□《ど》で12□《ちい》さな
ねこを つくった。

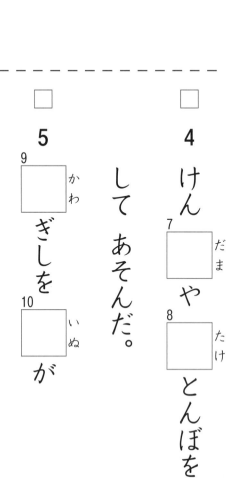

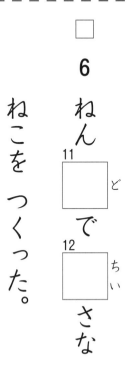

□ 7 お13□《しょう》14□《がつ》に こまを まわして あそんだ。

□ 8 15□《ひだり》から 16□《みぎ》の ほうへ やじるしが うごく。

□ 9 つぎの 17□《こ》どもかいは 18□《か》よう日に ある。

□ 10 あめが 19□《ご》こ、ガムが 20□《きゅう》こ ある。

□ 11 となり21□《まち》には、22□《なな》いろの ふん水が ある。

□ 12 さおの 23□《さき》に とんぼが 24□《に》ひき とまって いる。

□ 13 25□《た》んぼで かえるを 26□《み》つけた。

□ 14 げんかんに 27□《はっ》28□《そく》の スリッパを ならべた。

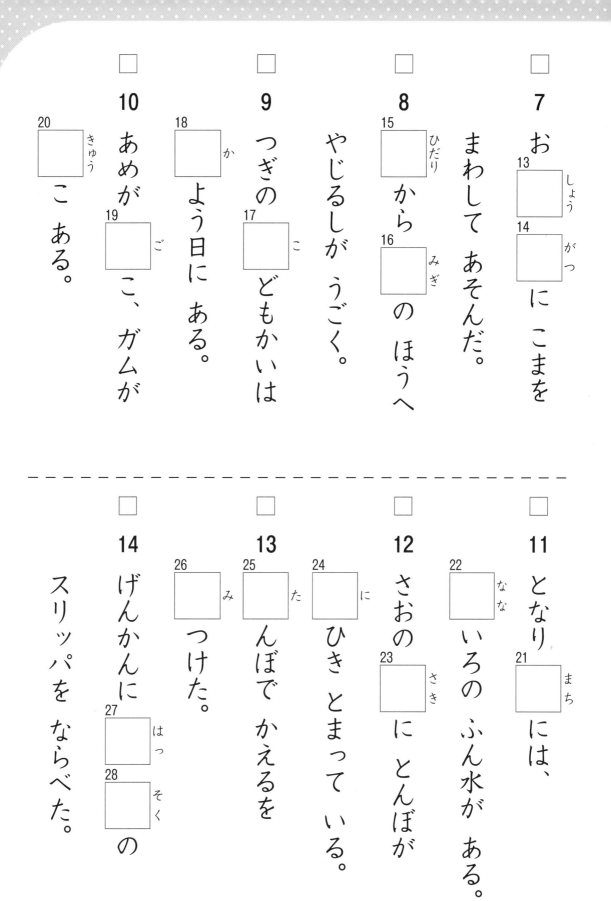

8 かん字の かき ③

つぎの □の なかに かん字を かきなさい。

□ 1 □1《くさ》むらの □2《なか》へ ねこが にげた。

□ 2 あさ □3《はや》く おきて となり □4《むら》まで いく。

□ 3 まどを あけて おいしい □5《くう》□6《き》を すう。

□ 4 なつ □7《やす》みに としょかんで □8《い》きものずかんを かりた。

□ 5 たこの つくりかたを □9《めい》□10《じん》に おそわった。

□ 6 □11《つち》の □12《した》で じゃがいもが そだつ。

ごうかく 22~28

もういっぽ 15~21

がんばれ 0~14

とくてん

シール

□ **7** 13□《せん》14□《ねん》まえに、ふしぎな ことが おこった。

□ **8** はまべに 15□《た》って 16□《ゆう》日を ながめる。

□ **9** ぼくの へやに 17□《むし》が 18□《はい》って きた。

□ **10** しあいは 19□《う》20□《てん》で あしたに のびた。

□ **11** てらの もんの まえに まつの 21□《たい》22□《ぼく》が ある。

□ **12** さかみちを じてん 23□《しゃ》で 24□《のぼ》る。

□ **13** あさ、ぎゅうにゅうを 25□《いっ》26□《ぽん》のむ。

□ **14** みんなで きょう 27□《りょく》して、28□《か》だんを つくった。

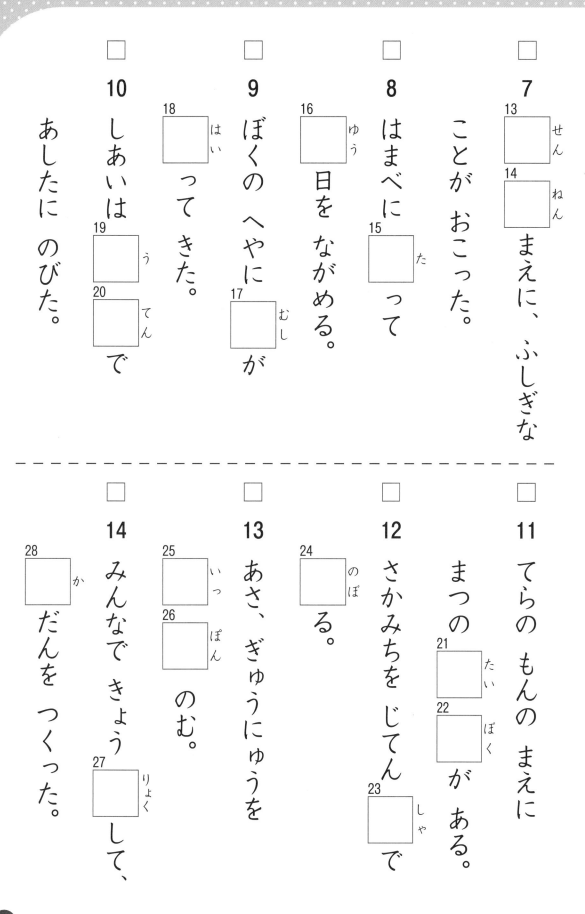

9 かん字の かき ④

つぎの □の なかに かん字を かきなさい。

ごうかく 22~28
もういっぽ 15~21
がんばれ 0~14
とくてん
シール

□ 1 □1《しろ》い わたげが □2《あお》空に まう。

□ 2 □3《おお》きな 川を ボートで □4《くだ》る。

□ 3 かぞく □5《よ》□6《にん》で りょこうする。

□ 4 □7《しん》□8《りん》こうえんを さんぽする。

□ 5 にわに □9《ひゃっ》□10《ぽん》の ばらを うえた。

□ 6 □11《おんな》の 赤ちゃんが □12《う》まれた。

□ 7 ひがしの 空に 13□《つき》が 14□《で》た。

□ 8 15□《まる》い テーブルが へやに 16□《ふた》つ あった。

□ 9 け17□《いと》を つぎ18□《た》して セーターを あむ。

□ 10 ときどき 19□《か》20□《ざん》が ばくはつする。

□ 11 まもなく 21□《にゅう》22□《がく》しきが はじまる。

□ 12 ここでは 23□《あま》の川が 一年24□《じゅう》 見られる。

□ 13 25□《だん》26□《し》の チームが 金メダルを とった。

□ 14 見わたす かぎり 27□《すい》28□《でん》が ひろがる。

10 かん字の かき ⑤

つぎの □の なかに かん字を かきなさい。

□ **1** 1□《もり》の 2□《き》の はが いろづく。

□ **2** 3□《さん》月に なると、つくしが かおを 4□《だ》す。

□ **3** 5□《じっ》ぱの 6□《はく》ちょうが わたって きた。

□ **4** 7□《おん》がくに あわせて 8□《あし》を まっすぐに のばす。

□ **5** あらしに あって、ふねが 9□《さ》10□《ゆう》に ゆれた。

□ **6** 11□《すい》12□《ちゅう》に もぐって さかなを とる。

ごうかく 22~28
もういっぽ 15~21
がんばれ 0~14
とくてん

シール

□ **7** 13□《かな》づちが 14□《ひと》つ はこに
入って いる。

□ **8** ストーブの 15□《ひ》が きえて、
へやの おんどが 16□《さ》がった。

□ **9** いえの にわに 17□《は》えた
ざっ18□《そう》を ぬく。

□ **10** お年よりの 19□《じん》20□《こう》が
きゅうに ふえた。

□ **11** 21□《きゅう》22□《じつ》に やきゅうの
しあいを する。

□ **12** 男23□《じょ》が じょうずに
一りん24□《しゃ》に のる。

□ **13** 25□《ゆう》26□《だち》に あって、
からだが ずぶぬれに なる。

□ **14** 27□《だい》28□《しょう》の さまざまな
ふねが うみに うかぶ。

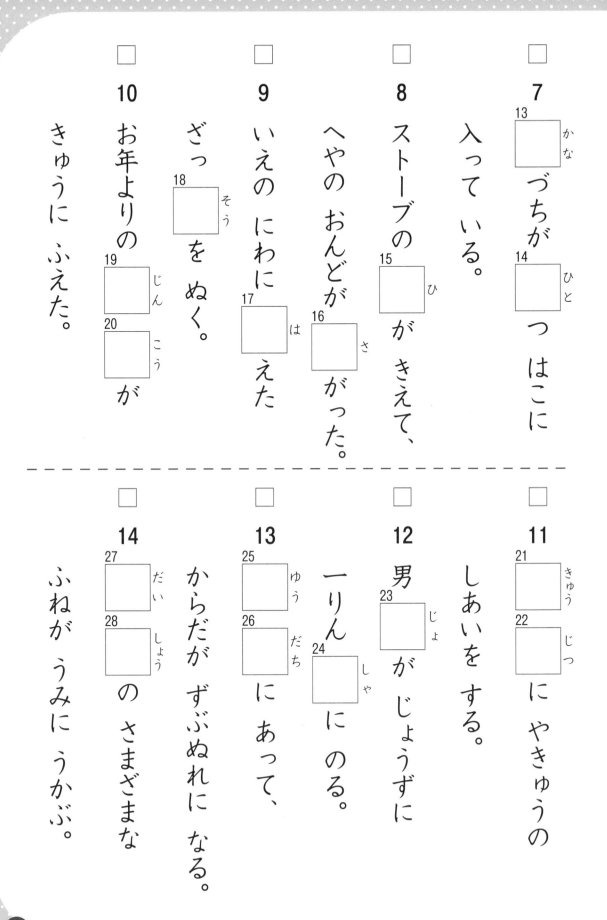

11 よみがな ①

つぎの　かん字の　よみがなで　ただしい　ほうの　ばんごうに　○を　つけなさい。

\よくでる/

ごうかく 14~18
もういっぽ 10~13
がんばれ 0~9

とくてん

シール

□ 1 休日
1 きゅうぢつ
2 きゅうじつ

□ 2 人名
1 じんめえ
2 じんめい

□ 3 王子
1 おおじ
2 おうじ

□ 4 日本
1 につぽん
2 にっぽん

□ 5 九百
1 きゅうひゃく
2 きゆうひゃく

□ 6 大小
1 だいしよう
2 だいしょう

□ 7 花火
1 はなび
2 はなひ

□ 8 先生
1 せんせえ
2 せんせい

□
9
入学
1 にゅうがく
2 にゆうがく

□
10
八千
1 はつせん
2 はっせん

□
11
男女
1 だんじょ
2 だんじよ

□
12
上下
1 じょうげ
2 じようげ

□
13
四日
1 よっか
2 よつか

□
14
水玉
1 みづたま
2 みずたま

□
15
大石
1 おういし
2 おおいし

□
16
七草
1 ななくさ
2 しちくさ

□
17
一本
1 いつぽん
2 いっぽん

□
18
十円
1 じゅうえん
2 じゆうえん

12 よみがな ②

つぎの かん字の よみがなで ただしい ほうの ばんごうに ○を つけなさい。

ごうかく 14~18
もういっぽ 10~13
がんばれ 0~9
とくてん
シール

□ 1 百人
1 ひやくにん
2 ひゃくにん

□ 2 八本
1 はっぽん
2 はつぽん

□ 3 町名
1 ちょうめい
2 ちようめい

□ 4 女子
1 ぢょし
2 じょし

□ 5 中小
1 ちゅうしょう
2 ちゆうしょう

□ 6 大玉
1 おおだま
2 おうだま

□ 7 九人
1 きゅうにん
2 きゆうにん

□ 8 上空
1 じょおくう
2 じょうくう

□ 9

本日

1 ほんぢつ
2 ほんじつ

□ 10

雨水

1 あまみず
2 あまみづ

□ 11

休学

1 きゆうがく
2 きゅうがく

□ 12

十日

1 とおか
2 とうか

□ 13

一生

1 いっしょう
2 いつしょう

□ 14

人口

1 じんこお
2 じんこう

□ 15

火力

1 かりょく
2 かりよく

□ 16

正月

1 しょうがつ
2 しよおがつ

□ 17

入手

1 にゅうしゆ
2 にゅうしゅ

□ 18

学校

1 がっこう
2 がっこお

13 よみがな ③

つぎの かん字の よみがなで ただしい ほうの ばんごうに ○を つけなさい。

ごうかく 14〜18
もういっぽ 10〜13
がんばれ 0〜9
とくてん

シール

□ 1 六本
1 ろっぽん
2 ろっぽん

□ 2 百年
1 ひゃくねん
2 ひやくねん

□ 3 名月
1 めいげつ
2 めえげつ

□ 4 女王
1 じょおお
2 じょおう

□ 5 火花
1 ひばな
2 ひはな

□ 6 大雨
1 おおあめ
2 おうあめ

□ 7 九十
1 きゅうじゅう
2 きゅうじゆう

□ 8 八日
1 よおか
2 ようか

□ 9 先日
1 せんじつ
2 せんぢつ

□ 10 人生
1 じんせい
2 じんせえ

□ 11 空中
1 くうちゆう
2 くうちゅう

□ 12 町立
1 ちようりつ
2 ちょうりつ

□ 13 入金
1 にゅうきん
2 にゆうきん

□ 14 火口
1 かこお
2 かこう

□ 15 水上
1 すいじょう
2 すいじょお

□ 16 休校
1 きゅうこお
2 きゅうこう

□ 17 気力
1 きりょく
2 きりよく

□ 18 正気
1 しようき
2 しょうき

14 ひつじゅん ①

つぎの　かん字の　ふといところは　なんばんめに　かきますか。◯の　なかに　すう字を　かきなさい。

\よくでる/

ごうかく 26~33
もういっぽ 18~25
がんばれ 0~17

とくてん

シール

1 年
2 出
3 字
4 花
5 貝

6 名
7 百
8 青
9 九
10 町

11 虫
12 水
13 金
14 文
15 車

16 王
17 足
18 円
19 糸
20 学
21 先

---

22 火
23 校
24 気
25 五
26 生
27 千

---

28 音
29 正
30 本
31 早
32 月
33 赤

15 ひつじゅん ②

つぎの かん字の ふといところは なんばんめに かきますか。◯の なかに すう字を かきなさい。

ごうかく 26～33
もういっぽ 18～25
がんばれ 0～17
とくてん
シール

1 雨

2 右

3 林

4 中

5 力

6 犬

7 土

8 小

9 日

10 竹

11 川

12 七

13 立

14 手

15 田

16 目

17 四

18 休

19 見

20 森

21 六

22 草

23 上

24 白

25 村

26 十

27 耳

28 山

29 石

30 玉

31 男

32 夕

33 入

16 かくすう ①

つぎの かん字の ふといところは おわりに かきます。なんばんめに かくか、◯の なかに すう字を かきなさい。

よくでる

ごうかく 26~33
もういっぽ 18~25
がんばれ 0~17

とくてん

シール

1 円 ◯
2 年 ◯
3 町 ◯
4 糸 ◯
5 草 ◯

6 金 ◯
7 玉 ◯
8 音 ◯
9 赤 ◯
10 校 ◯

11 林 ◯
12 名 ◯
13 火 ◯
14 雨 ◯
15 早 ◯

□ 16 虫

□ 17 月

□ 18 百

□ 19 空

□ 20 右

□ 21 休

□ 22 左

□ 23 立

□ 24 水

□ 25 車

□ 26 足

□ 27 六

□ 28 気

□ 29 女

□ 30 犬

□ 31 土

□ 32 生

□ 33 竹

17 かくすう ❷

つぎの かん字の ふといところは なんばんめに かくか、◯の なかに すう字を かきなさい。

ごうかく 26~33
もういっぽ 18~25
がんばれ 0~17
とくてん

シール

1 村

2 五

3 山

4 森

5 力

6 学

7 先

8 白

9 王

10 見

11 子

12 中

13 正

14 貝

15 花

21	20	19	18	17	16
手	九	千	字	文	上

27	26	25	24	23	22
青	大	七	石	男	本

33	32	31	30	29	28
夕	天	日	田	出	目

18 おんよみと くんよみ ①

つぎの ――せんの かん字の よみがなを ――せんの みぎに かきなさい。

よくでる

ごうかく 22~28
もういっぽ 15~21
がんばれ 0~14
とくてん

シール

1 一りん車に のる。

2 あたらしい 車を かう。

3 あしたから 四月だ。

4 お月さまが 見える。

5 バスで えん足に いく。

6 足を すりむいた。

7 金ぎょに えさを やる。

8 お金を さいふに 入れる。

9 ねん土で 犬を つくる。

10 ゆびに 土が つく。

11 ばらを 花びんに さす。

12 すみれの 花が さく。

13 あく手をして　わかれる。

14 手ぶくろを　はめる。

15 九じに　えきに　つく。

16 こまを　九つ　つくった。

17 音がくを　たのしむ。

18 テレビの　音が　する。

19 ろう下を　そうじする。

20 つくえの　下に　かくれる。

21 ちかくで　火じが　あった。

22 ろうそくに　火を　つける。

23 こん虫を　つかまえる。

24 虫に　さされる。

25 水えいが　じょうずだ。

26 ひざまで　水に　つかる。

27 おつりを　十円　もらう。

28 円い　さらに　のせる。

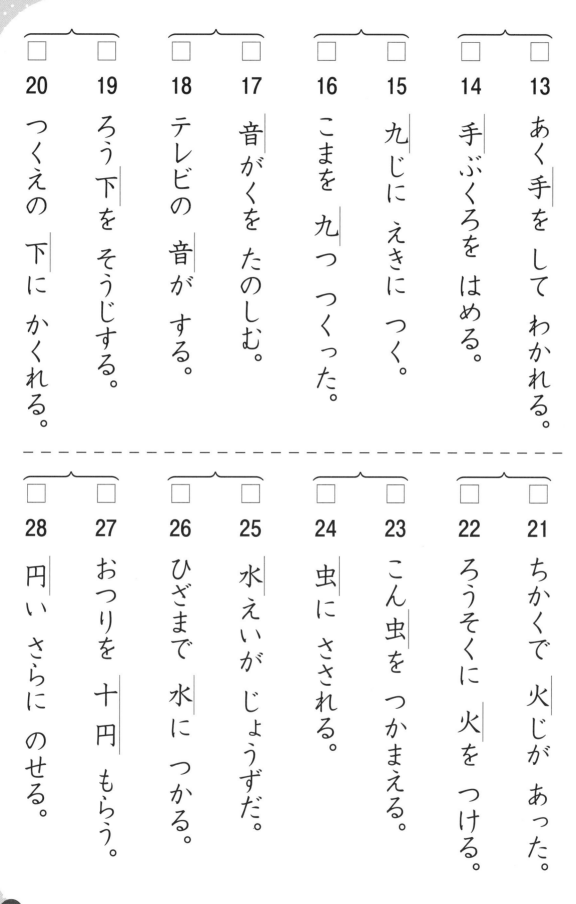

19 おんよみと くんよみ ❷

ごうかく 22~28
もうぃっぽ 15~21
がんばれ 0~14
とくてん

シール

つぎの ——せんの かん字の よみがなを ——せんの みぎに かきなさい。

1 お正月に たこを あげる。 ☐（正）☐（月）

2 かん字を 正しく かく。 ☐（正）

3 きょうは 木よう日だ。 ☐（木）

4 つみ木を して あそぶ。 ☐（木）

5 先しゅう、くつを かった。 ☐（先）

6 ゆび先を やけどした。 ☐（先）

7 さかなつりの 名人だ。 ☐（名）☐（人）

8 ねこに 名まえを つける。 ☐（名）

9 せみを 二ひき とる。 ☐（二）

10 みかんを 二つ たべる。 ☐（二）

11 学きゅういいんに なる。 ☐（学）

12 くにの れきしを 学ぶ。 ☐（学）

13 きれいな 空気を すう。

14 空が あかるく なる。

15 日きちょうに かきこむ。

16 あさ日が まぶしい。

17 雨天でも しあいを する。

18 にわか雨が ふる。

19 くびを 左右に ふる。

20 右うでを のばす。

21 山中で くまに あう。

22 ふとんを 山づみに する。

23 年がじょうを かく。

24 あたらしい 年に なる。

25 とうふを 四かくに きる。

26 おとうとは 四さいだ。

27 すきな 小せつを よむ。

28 小さい こえで はなす。

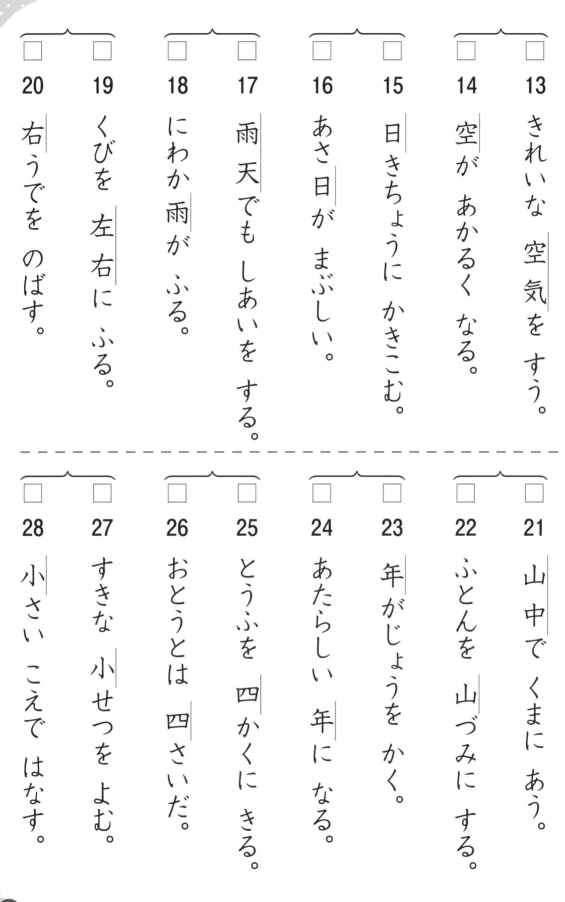

20 おんよみと くんよみ ③

つぎの ――せんの かん字の よみがなを ――せんの みぎに かきなさい。

ごうかく 22~28
もういっぽ 15~21
がんばれ 0~14
とくてん
シール

1 ひっしに ど力する。

2 力いっぱい はしる。

3 出せきを とる。

4 スピードを 出す。

5 おおくの 人が 見学する。

6 うみが よく 見える。

7 水中めがねを かける。

8 せ中の ボタンを はずす。

9 カレーが 大すきだ。

10 大きな いえに すむ。

11 ふねが 上下に ゆれる。

12 くもの 上を とぶ。

13 さらを 六まい あらう。
14 ケーキを 六つに わける。
15 がん石が おちて きた。
16 石がきが くずれる。
17 男子を おうえんする。
18 男の子と あそぶ。
19 口ちょうを まねる。
20 うたを 口ずさむ。

21 先生に ほめられた。
22 百さいまで 生きる。
23 五ひきの ねこを かう。
24 あめを 五つ もらった。
25 うみべで 休日を すごす。
26 からだを 休める。
27 おでんの 竹わを たべる。
28 竹とんぼを つくる。

21 たいぎご・るいぎご ❶

よくでる

ごうかく 26~33
もういっぽ 18~25
がんばれ 0~17

とくてん

シール

つぎの □の なかに かん字を かきなさい。

□ 1 赤……□《あお》

□ 2 右……□《ひだり》

□ 3 林……□《もり》

□ 4 口……□《め》

□ 5 町……□《むら》

□ 6 空……□《てん》

□ 7 山……□《かわ》

□ 8 手……□《あし》

□ 9 くろ……□《しろ》

□ 10 ねこ……□《いぬ》

□ 11 さかな……□《かい》

□ 12 十さつ……□《ひゃく》さつ

□ 13 はたけ……□《た》んぼ

□ 14 大きい……□《ちい》さい

□ 15 おしえる……□《まな》ぶ

16 水……□《ひ》

17 竹……□《き》

18 花……□《くさ》

19 女……□《おとこ》

20 月……□《ひ》

21 どろ……□《つち》

22 そと……□《なか》

23 ぎん……□《きん》

24 あさ……□《ゆう》

25 はな……□《みみ》

26 いわ……□《いし》

27 上る……□《くだ》る

28 はたらく……□《やす》む

29 入れる……□《だ》す

30 三かく……□《し》かく

31 おそい……□《はや》い

32 けらい……□《おう》さま

33 すわる……□《た》つ

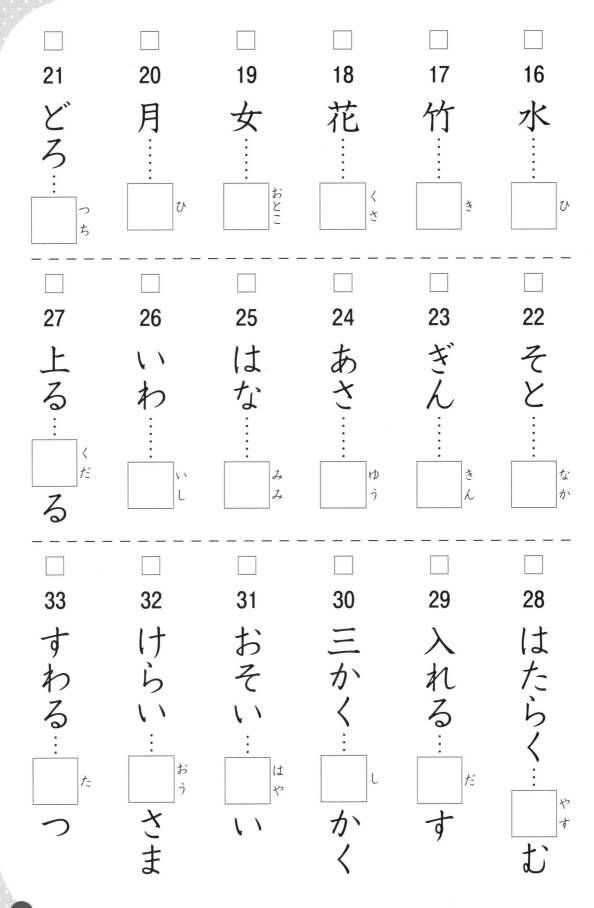

22 たいぎご・るいぎご ②

つぎの □の なかに かん字を かきなさい。

□ 1 足……□《て》

□ 2 村……□《まち》

□ 3 日……□《つき》

□ 4 川……□《やま》

□ 5 草……□《はな》

□ 6 下……□《うえ》

□ 7 おや……□《こ》

□ 8 あと……□《さき》

□ 9 五年……□《ろく》年

□ 10 はれ……□《あめ》

□ 11 四かく……□《まる》い

□ 12 しぬ……□《い》きる

□ 13 あさ日……□《ゆう》日

□ 14 おそざき……□《はや》ざき

□ 15 くろ目……□《しろ》目

ごうかく 26~33
もういっぽ 18~25
がんばれ 0~17

とくてん

シール

□ 16 森……□《はやし》

□ 17 青……□《あか》

□ 18 目……□《くち》

□ 19 天……□《そら》

□ 20 木……□《たけ》

□ 21 火……□《みず》

□ 22 一こ……□《じっ》こ

□ 23 男……□《おんな》

□ 24 百人……□《せん》人

□ 25 ことば……□《ぶん》

□ 26 出る……□《はい》る

□ 27 はり……□《いと》

□ 28 まき貝……□《に》まい貝

□ 29 左がわ……□《みぎ》がわ

□ 30 小さい……□《おお》きい

□ 31 四かく……□《さん》かく

□ 32 おやゆび……□《なか》ゆび

□ 33 まちがい……□《ただ》しい

じつりょくかんせいテスト (1)

じかん 40ぷん

ごうかく 120/150

とくてん

シール

1 つぎの ——せんの かん字の よみがなを ——せんの みぎに かきなさい。 (40) 2×20

1 うえ木[1]ばちの 土[2]の 中[3]から ひまわりの たねが 出[4]て きた。

2 雨[5]が ふって 校[6]ていに 水[7]たまりが できた。

6 赤[16]と 白[17]の け糸[18]で ははの セーターを あむ。

7 先生[19]に よばれたので、へんじを して 立[20]ち上がった。

3 つぎの かん字の ふといところは なんばんめに かきますか。〇の なかに すう字を かきなさい。 (10) 1×10

1	2	3	4	5
青	五	百	字	赤
〇	〇	〇	〇	〇

6	7	8	9	10
雨	糸	生	川	気
〇	〇	〇	〇	〇

3 はまべに 小〔8〕さな 貝〔9〕がらが おちて いた。

4 天気〔10〕が よい ときは 林〔11〕を さんぽする。

5 草〔12〕むらで 見〔13〕つけて きた ばったを 虫〔14〕かごに 入〔15〕れた。

2 つぎの **かん字**の **よみがな**で ただしい ほうの **ばんごう**に ○を つけなさい。 (10) 2×5

1 名人　1 めえじん　2 めいじん

2 日本　1 につぽん　2 にっぽん

3 中学　1 ちゅうがく　2 ちゆうがく

4 町人　1 ちょうにん　2 ちようにん

5 八千　1 はつせん　2 はっせん

4 つぎの **かん字**の **ふといところ** は **おわり**に かきます。○の なかに **なん ばんめ**に かくか、**すう字**を かきなさい。 (10) 1×10

1 中 ○

2 町 ○

3 玉 ○

4 林 ○

5 火 ○

6 虫 ○

7 土 ○

8 水 ○

9 女 ○

10 名 ○

5 つぎの ——せんの **かん字**の **よみがなを** ——せんの **みぎに** かきなさい。 (20) 2×10

あさの 1 九じに おきる。
ももを 2 九つ もらう。

ちかくで 3 火じが おこる。
マッチの 4 火を けす。

にわに 5 花だんを つくる。
さくらの 6 花が さく。

6 つぎの □の なかに **かん字を** かきなさい。 (20) 2×10

1 まち…□《むら》
2 あさ…□《ゆう》
3 ぎん…□《きん》
4 百…□《じゅう》
5 耳…□《くち》

6 いわ…□《いし》
7 おや…□《こ》
8 四かく…□《えん》
9 ことば…□《ぶん》
10 けらい…□《おう》さま

3 あさ 7 □《はや》く 8 □《いぬ》を つれて 9 □《もり》へ さんぽに いく。

4 10 □《みぎ》と 11 □《ひだり》を みて、12 □《て》を あげて おうだんほどうを わたる。

できるだけ ど力[7]する。

力[8]いっぱい さけんだ。

これは 大[9]すきな おかしだ。

大[10]きな こえで はなす。

---

7 つぎの □の なかに かん字を かきなさい。 (40) 2×20

1 ろう[1]□《か》の ほうから、人の [2]□《あし》[3]□《おと》が きこえて きた。

2 お[4]□《しょう》[5]□《がつ》に [6]□《ねん》がじょうが たくさん とどいた。

---

5 なつ[13]□《やす》みに、[14]□《くるま》に のって [15]□《やま》まで ドライブした。

6 [16]□《そら》に むけて [17]□《おとこ》の 人が [18]□《たけ》とんぼを とばした。

7 [19]□《た》んぼに かえるが [20]□《さん》びき いた。

じつりょくかんせいテスト (2)

じかん 40ぷん

ごうかく 120/150

とくてん

シール

1 つぎの ——せんの **かん字**の **よみがな**を ——せんの **みぎ**に かきなさい。 (40) 2×20

1 かりを しに、[1]王さまは [2]五人の けらいと [3]森へ いった。

2 [4]夕がた、ひがしの [5]空に [6]月が 見えた。

6 [15]円い テーブルの [16]上に [17]花びんを おいた。

7 大きな こえを [18]出して、きょうかしょに かかれた [19]文しょうを [20]三かい よむ。

3 つぎの **かん字**の **ふといところ**は **なんばんめ**に かきますか。○の なかに **すう字**を かきなさい。 (10) 1×10

月	見	田	早	七
1 ○	2 ○	3 ○	4 ○	5 ○
先	手	校	町	力
6 ○	7 ○	8 ○	9 ○	10 ○

3 二日まえに [7]子ねこが [8]生まれた。

4 [9]目を とじ、[10]耳を すまして [11]川の ながれる [12]音を きく。

5 かわらで、[13]青い [14]石を たくさん ひろった。

2 つぎの かん字の よみがなで ただしい ほうの ばんごうに ○を つけなさい。 (10) 2×5

[1] 先生
1 せんせえ
2 せんせい

[2] 上下
1 じようげ
2 じょうげ

[3] 休日
1 きゅうじつ
2 きゆうじつ

[4] 町名
1 ちょうめい
2 ちょうめえ

[5] 人口
1 じんこう
2 じんこお

4 つぎの かん字の ふといところは おわりに かきます。なんばんめに かくか、○の なかに すう字を かきなさい。 (10) 1×10

年 [1] ○
左 [2] ○
空 [3] ○
休 [4] ○
糸 [5] ○

生 [6] ○
五 [7] ○
石 [8] ○
男 [9] ○
王 [10] ○

5 つぎの ——せんの かん字の よみがなを ——せんの みぎに かきなさい。 (20) 2×10

1 じてん車を おして あるく。

2 いえまで 車で おくる。

3 こん虫ずかんで しらべる。

4 虫めがねで ちょうを 見る。

5 にわの ざっ草を ぬく。

6 こうえんの 草とりを する。

6 つぎの □の なかに かん字を かきなさい。 (20) 2×10

ねこ…1 □《いぬ》

男…2 □《おんな》

手…3 □《あし》

左…4 □《みぎ》

そと…5 □《なか》

うめ…6 □《たけ》

さかな…7 □《かい》

こおり…8 □《みず》

すわる…9 □《た》つ

はれ…10 □《あめ》

3 6 □《てん》7 □《き》が よい 日には、8 □《はやし》の 上を 9 □《しろ》い とりが とぶ。

4 10 □《にゅう》11 □《がく》しきは 12 □《し》月八日の あさ 13 □《く》じから はじまる。

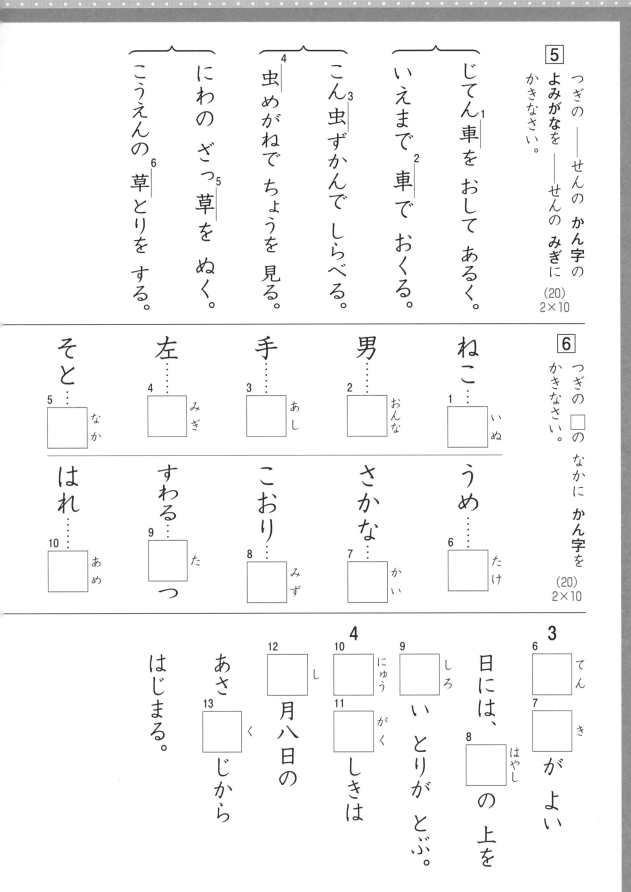

りんごを 八[7]こ もらう。

八[8]つの クラスに わける。

火山[9]が ばくはつする。

山[10]に きのこがりに いく。

---

7 つぎの □の なかに **かん字**を かきなさい。 (40) 2×20

1 [1]□《せん》年まえに つかって いた お[2]□《かね》が 見つかった。

2 父《ちち》は となり[3]□《むら》で、[4]□《ひゃっ》[5]□《ぽん》の ばらを そだてて いる。

---

5 つくえを きそく[14]□《ただ》しく [15]□《ろく》れつに ならべる。

6 ねん[16]□《ど》で [17]□《ちい》さな ねこを [18]□《いっ》ぴき つくる。

7 つばきの [19]□《き》が [20]□《あか》い 花を さかせた。

じつりょくかんせいテスト（3）

じかん 40ぷん
ごうかく 120/150
とくてん
シール

1 つぎの ――せんの かん字の よみがなを ――せんの みぎに かきなさい。 (40) 2×20

1 いえで かって いる 犬[1]に かわいい 名[2]まえを つけた。

2 学校[3]の もんの 左[4]に いちょうの 大木[5]が 立って いる。

6 四[15]じかん目の ずこうの とき、ねん土[16]で ふねを つくった。

7 げん気[17]の いい 女[18]の 赤[19]ちゃんが たん生[20]した。

3 つぎの かん字の ふといところ は なんばんめに かきますか。○の なかに すう字を かきなさい。 (10) 1×10

四 ○1　円 ○2　右 ○3　水 ○4　虫 ○5

金 ○6　千 ○7　学 ○8　土 ○9　中 ○10

3 はこの 中に ビー玉[6]が 六こ[7] 入[8]って いる。

4 正月[9]、男[10]の子は 竹[11]うまに のって あそんだ。

5 となりの みせは、火[12]よう日と 金[13]よう日が 休[14]みだ。

2 つぎの かん字の よみがなで ただしい ほうの ばんごうに ○を つけなさい。 (10) 2×5

1 名字
1 みょうじ
2 みようじ

2 王子
1 おおじ
2 おうじ

3 九本
1 きゆうほん
2 きゅうほん

4 男女
1 だんじょ
2 だんぢょ

5 八日
1 よおか
2 ようか

4 つぎの かん字の ふといところ は おわりに かきます。なん ばんめに かくか、○の なかに すう字を かきなさい。 (10) 1×10

1 赤 ○
2 月 ○
3 立 ○
4 村 ○
5 校 ○
6 正 ○
7 山 ○
8 竹 ○
9 音 ○
10 日 ○

5 つぎの ——せんの **かん字の よみがなを** ——せんの **みぎに** かきなさい。 (20) 2×10

すきな 1音がくを きく。
なみの 2音が きこえる。

3年がじょうが とどく。
あたらしい 4年に なる。

5水中めがねを かける。
はこの 6中に ビンを つめる。

---

6 つぎの □の なかに **かん字を** かきなさい。 (20) 2×10

村……1□《まち》
木……2□《くさ》
千……3□《ひゃく》
はな……4□《みみ》
上……5□《した》

はたけ……6□《た》
大きい……7□《ちい》さい
あと……8□《さき》
きく……9□《み》る
くろ……10□《しろ》

---

3 いえの そとに 8□《で》ると 9□《くう》気が つめたかった。

4 10□《かわ》の ほうを 目がけて 11□《ちから》いっぱい 12□《いし》を なげた。

5 13□《う》14□《てん》で 15□《はな》火は 中しに なった。

へやに なん人(7)か いる。
人(8)の はなしを よく きく。

ともだちと あく手(9)を する。
タオルで 手(10)を ふく。

---

7 つぎの □の なかに **かん字**を かきなさい。 (40) 2×20

1 1□《あお》い 2□《さん》りん 3□《しゃ》に のって いる おとうとは とても うれしそうだ。

2 えん4□《そく》で いった 5□《しん》6□《りん》こうえんには 7□《いっ》つの いけが ある。

---

6 早16□《くち》で 17□《に》かい、おなじ 18□《ぶん》しょうを よんだ。

7 すなはまに いって 19□《かい》がらを 20□《じっ》こ ひろった。

じつりょくかんせいテスト（4）

じかん 40ぷん
ごうかく 120/150
とくてん
シール

1 つぎの ――せんの **かん字の よみがなを** ――せんの **みぎに** かきなさい。 (40) 2×20

1 村[1]まつりの さいごに 花火[2]が 上[3]がった。

2 これは、白[4]ゆきひめや 七人[5]の 小人[6]が とうじょうする 人気[7]の ある え本[8]だ。

6 休日[16]に みんなで 力[17]を あわせて 田[18]うえを する。

7 おみせの 人に 千円[19]さつを わたしたら、百円[20]の おつりを くれた。

3 つぎの **かん字の** ふといところは **なんばんめに** かきますか。○の なかに **すう字を** かきなさい。 (10) 1×10

1	2	3	4	5
足 ○	貝 ○	小 ○	正 ○	石 ○

6	7	8	9	10
森 ○	花 ○	文 ○	火 ○	九 ○

3 空[9]きびんを つかって 雨水[10]を ためる。

4 その でん車[11]は、よるの 九[12]じに えきを 出[13]ぱつする。

5 あしたは えん足[14]だから こんやは 早[15]く ねよう。

---

2 つぎの **かん字の よみがなで** ただしい ほうの **ばんごう**に ○を つけなさい。 (10) 2×5

1 五十
 1 ごじゅう
 2 ごじゆう

2 人力
 1 じんりょく
 2 じんりよく

3 火口
 1 かこお
 2 かこう

4 上空
 1 じょうくう
 2 じょおくう

5 青年
 1 せえねん
 2 せいねん

---

4 つぎの **かん字の ふといところ**は **おわり**に かきます。**なんばんめ**に かくか、○の なかに **すう字**を かきなさい。 (10) 1×10

1 早 ○
2 百 ○
3 六 ○
4 気 ○
5 犬 ○
6 子 ○
7 本 ○
8 白 ○
9 字 ○
10 車 ○

5 つぎの ――せんの **かん字**の **よみがなを** ――せんの **みぎに** かきなさい。 (20) 2×10

- もうどう犬[1]を くんれんする。
- 犬[2]を さんぽに つれ出す。

- 正[3]じきに こたえる。
- 正[4]しい しせいで すわる。

- あしたは 木[5]よう日だ。
- 木[6]の えだを きる。

6 つぎの □の なかに **かん字**を かきなさい。 (20) 2×10

小……1 □《だい》

森……2 □《はやし》

足……3 □《て》

青……4 □《あか》

山……5 □《かわ》

日……6 □《つき》

空……7 □《てん》

どろ……8 □《つち》

上る……9 □《くだ》る

三かく……10 □《し》かく

3 8□《おん》がくの じかんに 9□《せん》10□《せい》が ピアノを ひく。

4 11□《おう》さまの あたまに 12□《きん》で つくられた かんむりを そっと かぶせた。

いもうとは (7)二さいだ。
みかんを (8)二つ たべた。

(9)男子だけで あそぶ。
(10)男の 人が ふえを ふく。

---

7 つぎの □の なかに **かん字**を かきなさい。 (40) 2×20

1 (1)□《さ》(2)□《ゆう》を (3)□《み》て ふみきりを わたる。

2 水(4)□《たま》もようの ふくを きて、け(5)□《いと》の マフラーを した (6)□《おんな》の 人が (7)□《た》って いた。

---

5 山で つかまえた とんぼを (13)□《むし》かごに (14)□《い》れた。

6 (15)□《まち》の まん(16)□《なか》に としょかんが つくられた。

7 (17)□《がっ》(18)□《こう》で (19)□《め》と (20)□《みみ》の けんさが あった。

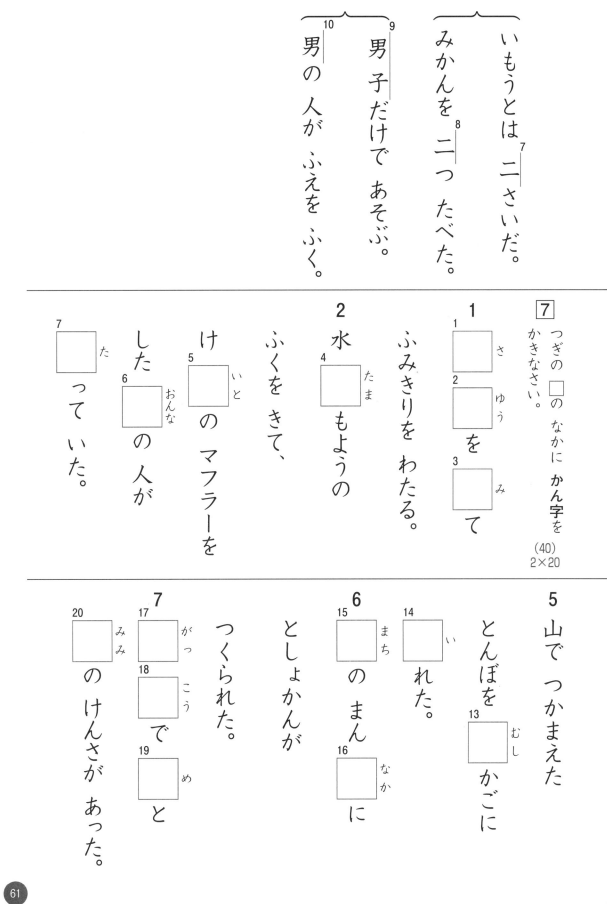

資《し》料《りょう》

10級《きゅう》配当《はいとう》漢字表《かんじひょう》

（——は中学校《ちゅうがっこう》、太字《ふとじ》は高校《こうこう》で学習《がくしゅう》する読《よ》み）

漢字《かんじ》	読《よ》み方《かた》	画数《かくすう》	部首《ぶしゅ》
一	イチ・イツ ひと ひと(つ)	1	一
右	ウ ユウ みぎ	5	口
雨	ウ あめ あま	8	雨
円	エン まる(い)	4	冂
王	オウ	4	王
音	オン ——イン おと・ね	9	音
下	カ・ゲ・した・しも ——もと・さ(げる) さ(がる)・くだ(る) くだ(す)・くだ(さる) お(ろす)・お(りる)	3	一
火	カ ひ **ほ**	4	火
花	カ はな	7	艹
貝	かい	7	貝
学	ガク まな(ぶ)	8	子
気	キ ケ	6	气
九	キュウ・ク ここ ここの(つ)	2	乙
休	キュウ やす(む) やす(まる) やす(める)	6	亻
玉	ギョク たま	5	玉
金	キン・コン かね・かな	8	金
空	クウ そら・あ(く) あ(ける) から	8	穴
月	ゲツ ガツ つき	4	月《つき》
犬	ケン いぬ	4	犬
見	ケン み(る) み(える) み(せる)	7	見
五	ゴ いつ いつ(つ)	4	二
口	コウ ク くち	3	口
校	コウ	10	木
左	サ ひだり	5	工

漢字	読み方	画数	部首
三	サン み・み(つ) みっ(つ)	3	一
山	サン やま	3	山
子	シ ス こ	3	子
四	シ よ・よ(つ) よっ(つ) よん	5	口
糸	シ いと	6	糸
字	ジ あざ	6	子
耳	ジ みみ	6	耳
七	シチ なな なな(つ) なの	2	一
車	シャ くるま	7	車
手	シュ て た	4	手
十	ジュウ ジッ とお・と	2	十
出	シュツ・スイ で(る) だ(す)	5	凵
女	ジョ・ニョ **ニョウ** おんな・め	3	女
小	ショウ ちい(さい) こ・お	3	小
上	ジョウ・**ショウ** うえ・うわ・かみ あ(げる)・あ(がる) のぼ(る)・のぼ(せる) のぼ(す)	3	一
森	シン もり	12	木
人	ジン ニン ひと	2	人
水	スイ みず	4	水
正	セイ・ショウ ただ(しい) ただ(す) まさ	5	止
生	セイ・ショウ・い(きる) い(かす)・い(ける) う(まれる)・う(む) お(う)・は(える) は(やす)・き・なま	5	生
青	セイ・**ショウ** あお あお(い)	8	青
夕	セキ ゆう	3	夕
石	セキ・シャク コク いし	5	石
赤	セキ・**シャク** あか・あか(い) あか(らむ) あか(らめる)	7	赤
千	セン ち	3	十
川	セン かわ	3	川
先	セン さき	6	儿
早	ソウ・サッ はや(い) はや(まる) はや(める)	6	日

漢字	草	足	村	大	男	竹	中
読み方	ソウ くさ	ソク あし た(りる) た(る)・た(す)	ソン むら	ダイ・タイ おお おお(きい) おお(いに)	ダン ナン おとこ	チク たけ	チュウ ジュウ なか
画数	9	7	7	3	7	6	4
部首	艹	足	木	大	田	竹	丨

漢字	虫	町	天	田	土	二	日
読み方	チュウ むし	チョウ まち	テン **あめ** あま	デン た	ド ト つち	ニ ふた ふた(つ)	ニチ ジツ ひ・か
画数	6	7	4	5	3	2	4
部首	虫	田	大	田	土	二	日

漢字	入	年	白	八	百	文	木
読み方	ニュウ い(る) い(れる) はい(る)	ネン とし	ハク・**ビャク** しろ・しら しろ(い)	ハチ や・や(つ) やっ(つ) よう	ヒャク	ブン モン ふみ	ボク モク き・こ
画数	2	6	5	2	6	4	4
部首	入	干	白	八	白	文	木

漢字	本	名	目	立	力	林	六
読み方	ホン もと	メイ ミョウ な	モク ボク め・**ま**	リツ・**リュウ** た(つ) た(てる)	リョク リキ ちから	リン はやし	ロク む・む(つ) むっ(つ) むい
画数	5	6	5	5	2	8	4
部首	木	口	目	立	力	木	八

こたえ

漢字検定10級トレーニングノート

（×は、間違えやすい例を示したものです。）

■2・3ページ

1 かん字の よみ❶

1 そら
2 ひ
3 おう ×おお
4 もり
5 むら
6 た
7 こ
8 び ×ひ
9 しゃ
10 くち
11 さき
12 よ
13 たけ
14 に
15 きん
16 ちゅう
17 てん
18 あ
19 がっこう ×がっこお
20 やす
21 いぬ
22 な
23 はやし
24 つき
25 はな
26 み
27 た
28 て

■4・5ページ

2 かん字の よみ❷

1 しろ
2 いと ×えと
3 かわ
4 あし
5 くさ
6 むし
7 き
8 みず
9 ちい ×ちっ
10 かい
11 め
12 はい
13 みぎ
14 ひだり
15 ひと
16 で
17 ちから
18 じ
19 おとこ
20 き
21 か
22 か
23 ぶん
24 さん
25 いし
26 ひゃっ
27 あか
28 は

■6・7ページ

3 かん字の よみ❸

1 た
2 ただ
3 くるま
4 まち
5 おと
6 みみ
7 せんせい ×せんせえ
8 か
9 じっ（じゅっ）
10 おんな
11 つち
12 だ
13 あお
14 あま ×あめ
15 すい
16 はや
17 い
18 ふた
19 ねん
20 おお ×おう
21 そう
22 しょうがくせい
23 ごにん
24 なか

☑ チェックしよう

▼送りがなが違えば読み方も変わる

たいていの漢字には、「音」と「訓」の二種類の読み方があります。一つの漢字にいくつもの音または、訓をもつものもあります。たとえば、「下」には「①した、②しも、③さげる、④くだる、⑤おりる」など複数の訓読みがありますが、③は「下げる」、④は「下る」、⑤は「下りる」と送りがなをつけます。同じ漢字でも送りがなが変わると読み方も変わることに注意するようにします。

25 めい
26 けん
27 さゆう
28 じょうげ ×じょおげ

■8・9ページ

4 かん字の よみ❹

1 げつ
2 おん
3 あめ
4 さ
5 まる
6 しちにん（ななにん）
7 だんじょ
8 しゅっ
9 たい
10 た
11 しんりん
12 そく
13 きゅうじっ（きゅうじゅっ）
14 い
15 くう
16 けんがく
17 かな
18 いつ
19 そう
20 けん
21 りき
22 ど
23 いっ
24 にゅう
25 ゆう
26 こ
27 みっ
28 かざん

■10・11ページ

5 かん字の よみ❺

1 あか
2 い
3 やま
4 うえ
5 しょうがつ
6 としだま
7 した
8 おお
9 かね
10 せんえん
11 ろく
12 はく
13 ちょうりつ ×ちょおりつ
14 きゅうじつ ×きゅうぢつ
15 うてん
16 ちゅう
17 くく
18 まな
19 はち（はっ）
20 ほん
21 こう
22 ひと
23 もく
24 りょく
25 ぞら
26 あま
27 じんこう ×じんこお
28 よん

■12・13ページ

6 かん字の かき❶

1 手
2 円
3 空
4 赤
5 正
6 音
7 雨
8 水
9 小
10 石
11 年
12 車
13 耳
14 目
15 上
16 六
17 天
18 気
19 学
20 校
21 先
22 生
23 力
24 男
25 王
26 金
27 口
28 文

■14・15ページ

7 かん字の かき❷

1 貝
2 入 ×人
3 山
4 林
5 花
6 名
7 玉 ×王
8 竹
9 川

チェックしよう

▼しちにん、ななにん？

「七人」を何と読みますか。「白雪姫と七人のこびと」のように、読み方が固定されている場合は「しちにん」と読みます。一般的には

「しちにん」「ななにん」のどちらで読んでもかまいませんが、「いち」と間違えやすいことから、「なな」のほうがよいかもしれません。

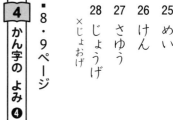

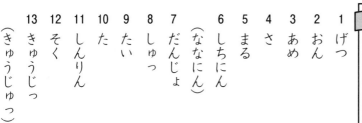

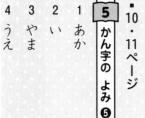

10 犬　11 土　12 小　13 正　14 月　15 左　16 右　17 子　18 火　19 五　20 九　21 町　22 七　23 先　24 二　25 田　26 見　27 八　28 足

8 かん字の かき❸
16・17ページ

1 草　2 中　3 早　4 村　5 空　6 気　7 休　8 生　9 名　10 人　11 土　12 下　13 千　14 年　15 立　16 夕　17 虫　18 入　19 雨　20 天

21 大　22 木　23 車　24 上　25 一　26 本　27 力　28 花

9 かん字の かき❹
18・19ページ

1 白　2 青　3 大　4 下　5 四　6 人　7 森　8 林　9 百　10 本　11 女

12 生　13 月　14 出　15 円　16 二　17 糸　18 足　19 火　20 山　21 入　22 学　23 天　24 中　25 男　26 子　27 水　28 田

10 かん字の かき❺
20・21ページ

1 森　2 木

3 三　4 出　5 十　6 白　7 音　8 足　9 左　10 右　11 水　12 中　13 金

14 一　15 火　16 下　17 生　18 草　19 人　20 口　21 休　22 日　23 女　24 車

チェックしよう

▼「う」「お」のどっち?

「現代仮名遣い」のきまりでは、発音のとおりに書くのが原則です。しかし、実際の発音とは異なる書き方をするものもあります。たとえば「学校」はふつう、「がっこお」「がっこー」のように発音しますが、「がっこう」が正しい表記になります。

正月…〇しょうがつ
　　　×しょおがつ
王子…〇おうじ
　　　×おおじ

25	夕
26	立
27	大
28	小

11 よみがな❶

■22・23ページ

1	2
2	2
3	2
4	2
5	1
6	2
7	1
8	2
9	1
10	2
11	1
12	1
13	1
14	2
15	2
16	1
17	2
18	1

12 よみがな❷

■24・25ページ

1	2
2	1
3	1
4	2
5	1
6	1
7	1
8	2
9	2
10	1
11	2
12	1
13	1
14	2
15	1
16	1
17	2
18	1

13 よみがな❸

■26・27ページ

1	2
2	1
3	1
4	2
5	1
6	1
7	1
8	2
9	1
10	1
11	2
12	2
13	1
14	2
15	1
16	2
17	1
18	2

14 ひつじゅん❶

■28・29ページ

1	4
2	1
3	4
4	6
5	3
6	4
7	3
8	5
9	1
10	6
11	4
12	1
13	6
14	3
15	4
16	1
17	6
18	2
19	5
20	3
21	5
22	3
23	7
24	5
25	2
26	3
27	2
28	8
29	3
30	4
31	4
32	1
33	3

15 ひつじゅん❷

■30・31ページ

1	7
2	1
3	5
4	3
5	1
6	3
7	2
8	1
9	3
10	4
11	2
12	1
13	3
14	2
15	4
16	2
17	3
18	4
19	6
20	11
21	2
22	1
23	2
24	4
25	6
26	2
27	3
28	1
29	3
30	3
31	4
32	3
33	1

16 かくすう❶

■32・33ページ

1	4
2	6
3	7
4	6
5	9
6	8
7	5
8	9
9	7
10	10
11	8
12	6
13	4
14	8
15	6
16	6
17	4
18	6
19	8
20	5
21	6
22	5
23	5
24	4
25	7
26	7
27	4
28	6
29	3
30	4
31	3
32	5
33	6

17 かくすう❷

■34・35ページ

1	7
2	4
3	3
4	12
5	2
6	8
7	6
8	5

チェックしよう

▼筆順のきまり

筆順とは、文字、特に漢字の点や線を書く順序のことをいいます。筆順には次のようなきまりがあります。

①上から下へ
三（三 三 三）

②左から右へ
川（川 川 川）

③横を先に
土（土 土 土）

④縦を先に
田（田 田 田 田 田）

⑤中心から左右へ
小（小 小 小）

⑥外側を先に
日（日 日 日 日）

①〜⑥以外にもきまりはありますが、筆順のきまりを覚えておくと、整った漢字を書くことができます。

9 4
10 7
11 3
12 4
13 5
14 7
15 7
16 3
17 4
18 6
19 3
20 2
21 4
22 5
23 7
24 5
25 2
26 3
27 8
28 5
29 5
30 5
31 4
32 4
33 3

18 おんよみとくんよみ ❶

■36・37ページ

1 しゃ
2 くるま
3 しがつ
4 つき
5 そく
6 あし
7 きん
8 かね
9 ど
10 つち
11 か
12 はな
13 しゅ
14 て
15 く
16 ここの
17 おん
18 おと
19 か
20 した
21 か
22 ひ
23 ちゅう
24 むし
25 すい
26 みず
27 じゅうえん
28 まる

19 おんよみとくんよみ ❷

■38・39ページ

1 しょうがつ
2 ただ
3 もく
4 き
5 せん
6 さき
7 めいじん ×めえじん
8 な
9 に
10 ふた
11 がっ ×がく
12 まな
13 くうき
14 そら
15 にっ ×につ
16 ひ
17 うてん
18 あめ
19 さゆう ×さいう
20 みぎ
21 さんちゅう
22 やま
23 ねん
24 とし
25 し
26 よん
27 しょう
28 ちい

20 おんよみとくんよみ ❸

■40・41ページ

1 りょく
2 ちから
3 しゅっ ×しゅつ
4 だ
5 けんがく
6 み
7 すいちゅう
8 なか
9 だい
10 おお ×おう
11 じょうげ ×うえした
12 うえ
13 ろく
14 むっ
15 せき
16 いし
17 だんし
18 おとこ
19 く
20 くち
21 せんせい ×せんせえ
22 い
23 ご
24 いつ
25 きゅうじつ
26 やす
27 ちく
28 たけ

21 たいぎご・るいぎご ❶

■42・43ページ

1 青
2 左
3 森
4 目
5 村
6 天
7 川
8 足
9 白
10 犬
11 貝
12 百
13 田
14 小
15 学
16 火
17 木
18 草
19 男
20 日

21 土
22 中
23 金
24 夕
25 耳
26 石
27 下
28 休
29 出
30 四
31 早
32 王
33 立

■44・45ページ

22 たいぎご・るいぎご❷

1 手
2 町
3 月
4 山
5 花
6 上
7 子
8 先
9 六
10 雨
11 円
12 生
13 夕
14 早
15 白
16 林
17 赤
18 口
19 空
20 竹
21 水
22 十
23 女
24 千
25 文
26 入
27 糸
28 二
29 右
30 大
31 三
32 中
33 正

■46〜49ページ

じつりょくかんせいテスト(1)

[1]
1 き
2 つち
3 なか
4 で
5 あめ
6 こう（×こお）
7 みず（×みづ）
8 ちい（×ちっ）
9 かい
10 てんき
11 はやし
12 くさ
13 み
14 むし
15 い
16 あか
17 しろ
18 いと
19 せんせい（×せんせえ）
20 た

[2]
1 2
2 2
3 1
4 1
5 2

[3]
1 6
2 2
3 3
4 4
5 3
6 7
7 5
8 2
9 2
10 5

[4]
1 4
2 7
3 5
4 8
5 4
6 6
7 3
8 4
9 3
10 6

[5]
1 く
2 ここの
3 か
4 ひ
5 か
6 はな
7 りょく
8 ちから
9 だい
10 おお

[6]
1 村
2 夕
3 金
4 十
5 口
6 石
7 子
8 円
9 文
10 王

[7]
1 下
2 足
3 音
4 正
5 月
6 年
7 早
8 犬
9 森
10 右
11 左
12 手
13 休
14 車
15 山

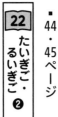

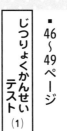

16 空
17 男
18 竹
19 田
20 三

■50〜53ページ

じつりょくかんせいテスト(2)

[1]
1 おう
2 ごにん
3 もり
4 ゆう
5 そら
6 つき
7 こ
8 う
9 め
10 みみ
11 かわ
12 おと
13 あお
14 いし
15 まる
16 うえ
17 か
18 だ
19 ぶん
20 さん

[2]
1 2
2 2
3 1
4 1
5 1

[3]
1 2
2 6
3 4
4 5
5 2
6 5
7 2
8 8
9 6
10 1

[4]
1 6
2 5
3 8
4 6
5 6
6 5
7 4
8 5
9 7
10 4

[5]
1 しゃ
2 くるま
3 ちゅう
4 むし
5 そう
6 くさ
7 はち（はっ）
8 やっ
9 かざん
10 やま

[6]
1 犬
2 女
3 足
4 右
5 中
6 竹
7 貝
8 水
9 立
10 雨

[7]
1 千
2 金
3 村
4 百
5 本
6 天
7 気
8 林
9 白
10 入
11 学
12 四
13 九
14 正
15 六
16 土
17 小
18 一
19 木
20 赤

■54〜57ページ

じつりょくかんせいテスト(3)

[1]
1 いぬ
2 な
3 がっこう ×がっこお
4 ひだり
5 たいぼく
6 だま
7 ろっ
8 はい
9 しょうがつ ×しょおがつ
10 おとこ
11 たけ
12 か
13 きん
14 やす
15 よ
16 ど
17 き
18 おんな
19 あか
20 じょう

[2]
1 1
2 2
3 2
4 1
5 2

[3]
1 4
2 3
3 3
4 2
5 4
6 4
7 2
8 6
9 2
10 3

[4]
1 7
2 4
3 5
4 7
5 10
6 5
7 3
8 6
9 9
10 4

[5]
1 おん

2 おと
3 ねん
4 とし
5 すいちゅう
6 なか
7 にん
8 ひと
9 しゅ
10 て

[6]
1 町
2 草
3 百
4 耳
5 下
6 田
7 小
8 先
9 見
10 白

[7]
1 青
2 三
3 車
4 足
5 森
6 林
7 五
8 出
9 空
10 川
11 力
12 石
13 雨
14 天
15 花
16 口
17 二
18 文
19 貝
20 十

■58～61ページ

じつりょくかんせいテスト（4）

[1]
1 むら
2 はなび
3 あ
4 しら
5 しちにん（ななにん）
6 こびと
7 にんき
8 ほん
9 あ
10 あまみず
11 しゃ
12 く
13 しゅっ
14 そく
15 はや
16 きゅうじつ
17 ちから
18 た
19 せんえん
20 ひゃくえん

[2]
1 1
2 1
3 2
4 1
5 2

[3]
1 6
2 5
3 1
4 4
5 3
6 11
7 6
8 2
9 3
10 1

[4]
1 6
2 6
3 4
4 6
5 4
6 3
7 5
8 5
9 6
10 7

[5]
1 けん
2 いぬ
3 しょう
4 ただ
5 もく
6 き
7 に
8 ふた
9 だんし
10 おとこ

[6]
1 大
2 林
3 手
4 赤
5 川
6 月
7 天
8 土
9 下
10 四

[7]
1 左
2 右
3 見
4 玉
5 糸
6 女
7 立
8 音
9 先
10 生
11 王
12 金
13 虫
14 入
15 町
16 中
17 学
18 校
19 目
20 耳